まずはこれから
歯科英単語

99

著　益野一哉
本田義知
藤田淳一

永末書店

はじめに

　近年、大学のグローバル化への流れが顕著になってきています。医学部、歯学部を含む医療系分野でも国際化の傾向は強くなる一方です。

　今後、英語の重要性はますます増えることはあっても、減ることはないのは明らかでしょう。

　それに伴い、第103回歯科医師国家試験から英語の問題が必修問題として出題されるようになりました。必修問題とはいえ問題数は1問なので、受験生にとれば過度に時間を割くことはできないと考えられます。

　そこで、限られた時間で最大限の効果が得られるような、国家試験の歯科英語問題に特化した対策本を制作しました。

　この本をきっかけに、一人でも多くの合格者が生まれることを望んでいます。

大阪歯科大学

益野一哉　本田義知　藤田淳一

本書の使い方

基本的な使い方

- まずは、英語を見てすぐに日本語へ訳せるようになりましょう。
- 発音記号ではなく、あえてカタカナ読みをつけました。音読をするとより単語を早く覚えられます。
- 本書では、同じ単語をあえて複数回とりあげています。違った角度でそれぞれの単語に触れて、より深く習得してください。確認用チェックボックスも用意しています。
- 過去問題（第4章）で歯科医師国家試験の傾向をつかんだ後、オリジナル問題（第5章）を使用して、さらに力をつけてください。
- 本書に掲載した必修英単語99および付録単語は、英語学習に時間をかけられない皆さんに、最低限押さえておいて欲しい単語です。これで十分といいたいところですが、国家試験の歯学英語問題はどんどん難しくなっています。大学受験時の英単語集などを用い中級英単語なども勉強すると、なお確実です。

国家試験の試験日から逆算した勉強方法の違い

- 本書は、利用開始時期に応じて使い方を変えると効率良く勉強ができます。

● 時間をかけられる場合
- 第1章から順番に付録まで、複数回繰り返しましょう。

● よくある取り組み方
- ほかの科目の勉強に追われ、英語学習にあまり時間をかけられない人は、まず歯科医師国家試験過去問題（第4章）を押さえた後、第1章→第3章→第5章と順番に進めていき、出てきた単語を最低限覚えましょう。

● せっぱつまっている場合
- 歯科医師国家試験目前で英語勉強を始めた人は、第4章→第1章と進め、最低限の英単語に触れて、少しでも正解の確率を上げてください。

大学院生、歯科衛生士、歯科技工士、海外留学前の方々、国際学会（研修）を控えた歯科医師

- 本書に記載された英単語は、プレゼンテーションや、チェアーサイドでの簡単な英会話、歯学関連論文の読解、海外留学に向けた学習に応用できます。ぜひ、皆さんの目的に向けた第一歩として、本書全体を繰り返し学習してください。

目 次

第1章	**必修英単語 99**	5
Column 1	英語は必要ですか？	18
第2章	**単語と図解**	19
第3章	**単語と分野別リスト**	23
Column 2	歯肉溝とポケットの違いは？	28
第4章	**歯科医師国家試験過去問題**	29
Column 3	単語がやっぱり一番重要	38
第5章	**オリジナル問題**	39
Column 4	どの程度の単語数の習得が必要？	82
付 録	**基礎単語 編**	
	専門用語と一般用語 編	83
Column 5	歯科保存学、保存修復学	92

●参考図書

Thomas R. Ward：英文歯科用語 1000 これで文献が読める 入門編．東京：クインテッセンス出版，1988.
東医歯大歯科用語集編集委員会　編：カルテ記載のための歯科用語集．東京：医歯薬出版，1996.
佐藤尚弘，Richard Foxton：Dr. 佐藤とリチャードの歯科英語講座．東京：クインテッセンス出版，2005.
藤田淳一，岡村友玄，Bernard MacMugen, Eric Schoenbrunn：ベーシック歯科医学英語ワークブック．京都：
金芳堂，2015.

第1章
必修英単語99

これだけは押さえたい！
必修の歯科英単語99！

01
anatomy
アナトミー
▶ 解剖学

02
bacteriology
バクテリオロジー
▶ 細菌学

03
endodontics
エンドドンティックス
▶ 歯内療法学

04
histological
ヒストロジカル
▶ 組織学的

05
oral surgery
オーラル サージェリー
▶ 口腔外科

06
orthodontics
オーソドンティクス
▶ 歯科矯正学

07
operative dentistry
オペラティブ デンティストリー
▶ 保存修復学

08
pathological
パソロジカル
▶ 病理的な

09 pedodontics ▶ 小児歯科学
ペドドンティクス

10 periodontics ▶ 歯周病学
ペリオドンティクス

11 physiology ▶ 生理学
フィジオロジー

12 prosthodontics ▶ （歯科）補綴学
プロソドンティクス

13 radiology ▶ 放射線医学
ラディオロジー

14 restorative dentistry ▶ 保存修復学
レストレーティブ　デンティストリー

15 biochemical ▶ 生化学的な
バイオケミカル

16 biological ▶ 生物学的な
バイオロジカル

第1章 必修英単語99

17 alveolar
アルヴィオラー
▶ 歯槽の

18 apical
アピカル
▶ 先端の（根尖の）

19 buccal
バッカル
▶ 頬側の

20 canine
ケイナイン
▶ 犬歯

21 crown
クラウン
▶ 歯冠

22 cementum
セメンタム
▶ セメント質

23 dentin
デンティン
▶ 象牙質

24 distal
ディスタル
▶ 遠心の

25	**enamel** イナモー	▶ エナメル質
26	**gingiva** ジンジバ	▶ 歯肉
27	**groove** グルーブ	▶ 溝
28	**incisor** インサイザー	▶ 切歯
29	**labial** ラビアル	▶ 唇側の
30	**lateral incisor** ラテラル　インサイザー	▶ 側切歯
31	**lingual** リンガル	▶ 舌の、舌側
32	**maxillary** マキシラリー	▶ 上顎の

第1章 必修英単語99

33
maxillofacial
マキシロフェィシャル
▶ 顎骨顔面の

34
mandible
マンディブル
▶ 下顎、下顎骨

35
molar
モラー
▶ 臼歯

36
mucosa
ムコーサ
▶ 粘膜

37
palatal
パラタル
▶ 口蓋の

38
pulp
パルプ
▶ 歯髄

39
premolar
プリモーラー
▶ 小臼歯

40
root canal
ルートキャナル
▶ 根管

41
root
ルート
▶ 歯根

42
acute
アキュート
▶ 急性の

43
antibiotic
アンティバイオティク
▶ 抗生物質

44
anesthesia
アネスティズィア
▶ 麻酔

45
alloy
アロイ
▶ 合金

46
caries
キャリーズ
▶ う蝕

47
cavity
キャビティ
▶ 虫歯、高洞

48
calculus
キャルキュラス
▶ 歯石

49	**casting** キャスティング	▶ 鋳造物
50	**connective tissue** コネクティブ ティッシュウ	▶ 結合組織
51	**construction** コンストラクション	▶ 構造
52	**contaminant** コンタミナント	▶ 不潔物
53	**chronic** クロニック	▶ 慢性の
54	**crowding** クラウディング	▶ 叢生
55	**crystal** クリスタル	▶ 結晶
56	**denture** デンチャー	▶ 義歯

57

dental
デンタル

▶ 歯科の、歯の

58

diagnosis
ダイアグノーシス

▶ 診断

59

disorder
ディスオーダー

▶ 疾患

60

examination
エグザミネーション

▶ 予診、診査

61

experimental
エクスペリメンタル

▶ 実験的

62

fluoridation
フロリデーション

▶ フッ素配合

63

in vitro
インビトロ

▶ 試験管の中で

64

in vivo
インビボ

▶ 生体中における

第1章 必修英単語99

65 inflammation
インフラメーション
▶ 炎症

66 infection
インフェクション
▶ 感染

67 inject
インジェクト
▶ 注射する、注入する

68 malocclusion
マルオクルージョン
▶ 不正咬合

69 margin
マージン
▶ 辺縁

70 mastication
マスティケーション
▶ 咀嚼

71 medication
メディケーション
▶ 薬物（投薬）

72 odontogenic
オドントジェニック
▶ 歯原性の

73 organ
オーガン
▶ 臓器

74 occlusion
オクルージョン
▶ 咬合

75 plaque
プラーク
▶ 歯垢

76 patient
ペイシャント
▶ 患者

77 posterior
ポステェリア
▶ 後方の

78 postoperative
ポストオペラティブ
▶ 手術後の

79 preparation
プレパレーション
▶ 形成

80 prescribe
プレスクライブ
▶ 処方する

第1章 必修英単語99

81	**provisional**	プロビジョナル	仮の
82	**restore**	リストア	修復する
83	**retainer**	リテイナー	保定装置
84	**saliva**	サライバ	唾液
85	**scaling**	スケーリング	歯石除去
86	**streptococcus**	ストレプトコッカス	連鎖球菌
87	**subgingival**	サブジンジバル	歯肉縁下の
88	**swelling**	スウェリング	腫張

89
syndrome
シンドローム
▶ 症候群

90
systemic
システミック
▶ 全身系の

91
tissue
ティッシュ
▶ 組織

92
titanium
タイタニウム
▶ チタン

93
toothache
トゥースエイク
▶ 歯痛

94
toxicity
トキシシティー
▶ 毒性

95
transition
トランジション
▶ 転位

96
trauma
トラウマ
▶ 外傷

第1章　必修英単語99

97
treatment
トリートメント
▶ 治療、処置

98
tumor
トゥモア
▶ 腫瘍

99
X-ray
エックスレイ
▶ エックス線

Column 1
英語は必要ですか？

　2017年の外国人観光客は何人かご存知ですか？　年々増加傾向を示し、2017年は2,900万人の観光客が日本を訪れています。今後、日本政府は2020年の東京オリンピックも含め年間4,000万人を目標にするといっています。このように外国の人達からみれば日本は行ってみたい国というだけでなく、気軽に行ける国になってきています。それに合わせて日本における英語の必要性は急速に高まっており、歯科医療の分野にもその影響は及んでいます。英語の必要性は高まりこそすれ、将来低くなることはないでしょう。歯科英語の基本である99単語を覚え、さらに付録に記載した単語を学び、将来の外国人に向けた歯科治療に向け、ぜひ準備を始めてください。

第 2 章
単語と図解

図解とセットで歯科英単語を覚えよう！

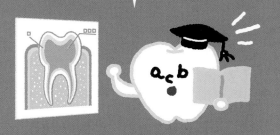

歯の名称

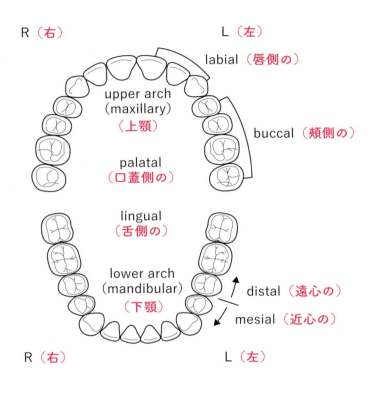

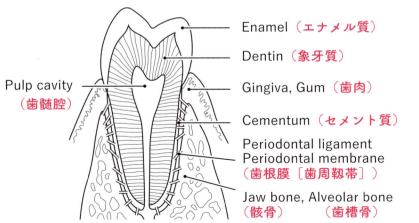

歯科問診票

患者氏名 :
患者 ID :

English/英語

Medical Questionnaire (Dentistry)/歯科 問診票

Please check the appropriate boxes./ あてはまるものにチェックしてください。

Patient name/ 患者氏名		Date/ 日付	year /年	month /月	day /日
Date of birth/ 生年月日	year/ 年　　month/ 月　　day/ 日	Sex/ 性別	☐Male/ 男	☐Female/ 女	
Height and weight/ 身長・体重	cm　　　　　　　kg	Age/ 年齢			years old/ 歳
Language/ 言語		Nationality/ 国籍			

Living condition/ 生活状況

☐With family member(s) who require nursing care/ 介護しなければならない家族がいる　　☐Have young children/ 幼い子どもがいる

☐Aged household/ 高齢者世帯　　☐Living alone/ 独居　　☐Single parent/ 母子家庭

☐Other/ その他(　　　　　　　　　　　　　　　　　　　　　　　　　　　　)

Employment/ 職業

☐Full-time/ 常勤雇用　　☐Part-time/ パートタイム　　☐Self-employed/ 自営業

☐Retired/ 退職　　☐Unemployed/ 無職

Where is the problem?/ どこの具合が悪いですか？

☐Decayed tooth/ 虫歯　　☐False tooth/ 入れ歯　　☐Wisdom tooth/ 親知らず

☐Gums/ 歯ぐき　　☐Tongue/ 舌　　☐Lips/ くちびる

☐Cheek/ 頬　　☐Jaw joint/ あごの関節　　☐Below the jaw/ あごの下

☐Occlusion (contact between upper and lower teeth)/ かみあわせ　　☐Other/ その他(　　　　)

What symptoms do you have?/ どのような症状ですか？

☐Pain/ 痛い　　☐Swelling/ 腫れている　　☐Sensitive tooth/ しみる

☐Pus/ うみがでる　　☐Bleeding/ 血が出る　　☐Irritation/ 荒れている

☐A filling has come out/ つめ物がとれた　　☐Bad breath/ 口臭　　☐Dryness/ 乾く

☐Difficulty in opening the mouth/ 口が開きにくい　　☐Other/ その他(　　　　)

When did the symptoms start?/ それはいつからですか？

　　　　Since approximately: 　　　　year/ 年　　　　month/ 月　　　　day/ 日ごろから

Have you ever had a tooth removed?/ 歯を抜いたことがありますか？

☐Yes/ はい　　　　☐No/ いいえ

Your request for the treatment/ 治療に対する希望

☐I would like to have the entire damaged area treated./ 悪いところはすべて治したい

☐I would like to have only the teeth that currently hurt treated./ 今痛い歯だけを治したい

☐I do not mind paying for treatment that is not covered by insurance./ 自費診療でもかまわない

☐I would like to have only treatment that is covered by insurance./ 保険の範囲内で治したい

☐I would like to decide after discussing it with somebody./ 相談して決めたい

Are you currently undergoing treatment for any diseases?/ 現在治療している病気はありますか？

☐Yes/ はい(Disease/ 病名: 　　　　　　　　　　　　　　　　　　　　　　　　　)

☐No/ いいえ

Please fill in the reverse side of the all pages as well, where necessary./ ※裏面もご記入ください。

1 / 2

歯科 問診票 ： 2014 年3月初版

（厚生労働省：外国人向け他言語説明資料一覧　（16）歯科問診票より転載　2014 年）

English/英語

患者氏名 ：
患者 ID ：

Are you allergic to any foods or medications?/ 薬や食べ物でアレルギーがでますか？

☐Yes/ はい →　　　　　☐Medication/ 薬　　　☐Food/ 食べ物　　　☐Other/ その他(　　　　　　　)

☐No/ いいえ

Are you currently taking any medications?/ 現在飲んでいる薬はありますか？

☐Yes/ はい →　　　　Please show us the medications if you have them with you./ 持っていれば見せてください

☐No/ いいえ

Have you previously had any of the diseases listed below?/ 今までにかかった病気はありますか？

☐Gastrointestinal disease/ 胃腸の病気　☐Liver disease/ 肝臓の病気　　　　☐Heart disease/ 心臓の病気

☐Kidney disease/ 腎臓の病気　　　　☐Respiratory disease/ 呼吸器の病気　☐Blood disease/ 血液の病気

☐Brain / neurological disease/ 脳・神経系の病気　　　　　　　　　　☐Cancer/ 癌

☐Thyroid gland disease/ 甲状腺の病気　☐Diabetes/ 糖尿病　　　　　　☐Other/ その他(　　　　　　)

How old were you when you became ill?/ それは何歳の時ですか？

Age: ＿＿＿(years old)/ 歳

Do you smoke?/ たばこを吸いますか？

☐Yes/ 吸う →　　　　　　Current amount/ 現在：＿＿＿cigarettes/day/ 本/日　　Duration/ 喫煙歴：＿＿years/年

☐No, but I used to./ 以前吸っていた→　Previous amount/ 過去：＿＿＿cigarettes/day/ 本/日　　Duration/ 喫煙歴：＿＿years/年

☐No/ 吸わない

Do you drink alcohol?/ お酒を飲みますか？

☐Yes/ はい →　　　　　　＿＿＿＿mL/day/ ml/日　　　　　　☐No/ いいえ

Have you ever had any surgery?/ 手術を受けたことがありますか？

☐Yes/ はい　　　　☐No/ いいえ

When was the surgery?/ いつごろですか？

Approximately:＿＿＿＿year/ 年＿＿month/ 月　　　(type of surgery/ 手術名:＿＿＿＿＿＿＿＿＿＿)

Have you ever had any anesthesia?/ 麻酔を受けたことがありますか？

☐Yes/ はい　→　　　　　☐General anesthesia/ 全身麻酔　　☐Local anesthesia/ 局所麻酔

☐No/ いいえ

Did you have any problems related to the anesthesia?/ 麻酔をして何かトラブルがありましたか？

☐Yes/ はい　　　　☐No/ いいえ

Have you ever had a blood transfusion?/ 輸血を受けたことがありますか？

☐Yes/ はい　　　　☐No/ いいえ

Did you have any problems related to a blood transfusion?/ 輸血をして何かトラブルがありましたか？

☐Yes/ はい　　　　☐No/ いいえ

Is there a possibility that you are pregnant?/ 妊娠していますか、またその可能性はありますか？

☐Yes/ はい → ＿＿months pregnant/ ヶ月　　☐I do not know/ わからない　☐No/ いいえ

Are you breastfeeding?/ 授乳中ですか？

☐Yes/ はい　　　　☐No/ いいえ

Will you be able to bring an interpreter with you in the future?/ 今後、通訳を自分で連れてくることができますか？

☐Yes/ はい　　　　☐No/ いいえ

歯科 問診票 ： 2014 年3月初版

（厚生労働省：外国人向け他言語説明資料一覧 （16）歯科問診票より転載 2014 年）

第 3 章
単語と分野別リスト

歯科英単語を覚えやすく分野別にリスト化しました！

専門各科

[基礎]

anatomy	▶ 解剖学
bacteriology	▶ 細菌学
biochemistry	▶ 生化学
biomaterials	▶ 生体材料学（歯科理工学）
histology	▶ 組織学
immunology	▶ 免疫学
oral health	▶ 口腔衛生学
pathology	▶ 病理学
pharmacology	▶ 薬理学
physiology	▶ 生理学

[臨床]

conservative dentistry	▶ 歯科保存学
dental anesthesiology	▶ 歯科麻酔学
dental radiology	▶ 歯科放射線学
endodontics	▶ 歯内療法学
esthetic dentistry	▶ 審美歯科学
geriatric dentistry	▶ 高齢者歯科学
geriodontics	▶ 高齢者歯科学
operative dentistry	▶ 保存修復学
oral and maxillofacial surgery	▶ 顎顔面外科学

	oral surgery	▶	口腔外科学
	orthodontics	▶	歯科矯正学
	pediatric dentistry	▶	小児歯科学
	pedodontics	▶	小児歯科学
	periodontics	▶	歯周病学
	preventive dentistry	▶	予防歯科学
	prosthodontics	▶	歯科補綴学
	restorative dentistry	▶	保存修復学

スタッフ

	dental assistant	▶	歯科助手
	dentist	▶	歯科医師
	dental hygienist	▶	歯科衛生士
	dental technician	▶	歯科技工士

歯・口腔の構造

	alveolar	▶	歯槽の
	buccal	▶	頬側の
	canine	▶	犬歯
	cementum	▶	セメント質
	dentin	▶	象牙質

第3章 単語と分野別リスト

25

enamel	▶ エナメル質
gingiva	▶ 歯肉
gingival sulcus	▶ 歯肉溝
groove	▶ 溝
incisor	▶ 切歯
labial	▶ 唇側の
lateral incisor	▶ 側切歯
lingual	▶ 舌の、舌側
mandible	▶ 下顎（骨）
margin	▶ 辺縁
maxilla	▶ 上顎（骨）
maxillofacial	▶ 顎骨顔面の
molar	▶ 臼歯
mucosa	▶ 粘膜
palatal	▶ 口蓋の
premolar	▶ 小臼歯
pulp	▶ 歯髄
root canal	▶ 根管
saliva	▶ 唾液
skeletal	▶ 骨格の
structure	▶ 構造
tissue	▶ 組織
wisdom tooth	▶ 智歯
anesthesia	▶ 麻酔

治療関係

calculus	▶	歯石
diagnosis	▶	診断
examination	▶	予診、診査
explanation	▶	説明
extract	▶	抜く
fill	▶	充填する
fluoridation	▶	フッ素配合
impression	▶	印象
inject	▶	注射する、注入する
operation	▶	手術、処置
periodontal pocket	▶	歯周ポケット
plaque	▶	歯垢
postoperative	▶	手術後の
prescribe	▶	処方する
preventive	▶	予防的な
reconstruction	▶	修復
root planing	▶	歯根平滑化
scaling	▶	歯石除去
treatment	▶	治療、処置

Column 2
歯肉溝とポケットの違いは？

　歯と歯肉の間の隙間のことを歯肉溝 "periodontal sulcus" といいます。食事をした後にそこに食べカスがたまり、歯を磨かないとプラークや歯石がたまり歯肉が腫れます。病的に変化した状態のポケット "pocket" には、歯肉だけが腫れる歯肉ポケット "gingival pocket" と歯周組織全体に影響を及ぼす歯周ポケット "periodontal pocket" があります。部位は同じですが、状態によって呼び名が変わるので正確に覚えましょう。

第 4 章
歯科医師国家試験過去問題

過去問題を解いて
歯科医師国家試験の傾向をつかもう！

歯科医師国家試験過去問題

第103回〜111回の歯科医師国家試験より、歯学英語問題を抜粋。

第111回

Tooth erosion is defined as the irreversible loss of tooth structure due to exposure to (   ).
(   ) に入るのはどれか。1つ選べ。
a acids
b bacteria
c carbohydrates
d fluorides
e saliva

第110回

Avoiding the frequent intake of fermentable carbohydrates, especially sucrose, in diets is important for the (   ) of early childhood caries.
(   ) に入るのはどれか。1つ選べ。
a treatment
b prevention
c restoration
d development
e decalcification

30

第4章 歯科医師国家試験過去問題

第 111 回　正答　a

酸蝕歯は（　　　）にさらされることで起こる歯の構造の不可逆的な欠損と定義される。

○　**a**　acids「酸」
×　**b**　bacteria「細菌」
×　**c**　carbohydrates「炭水化物」
×　**d**　fluorides「フッ素」
×　**e**　saliva「唾液」

※ erosion「浸食」、define「定義する」、irreversible「不可逆的な」、structure「構造」、exposure「さらされること」

第 110 回　正答　b

食事において発酵性の炭水化物、特にショ糖を頻繁に取らないようにすることは早期の小児期う蝕の（　　　）に重要である。

×　**a**　treatment「治療」
○　**b**　prevention「予防」
×　**c**　restoration「修復、修復物」
×　**d**　development「発達、進化」
×　**e**　decalcification「脱灰」

※ fermentable「発酵性の」、carbohydrate「炭水化物」、sucrose「スクロース、ショ糖」

31

第 109 回

A porcelain veneer is bonded to the (　　　　) surface of an anterior tooth to solve esthetic problems.

（　　　　）に入るのはどれか。１つ選べ。

a distal

b labial

c lingual

d mesial

e occlusal

第 108 回

The goal of (　　　　) is to explain the physical and chemical factors that are responsible for the origin, development, and progression of life.

（　　　　）に入るのはどれか。１つ選べ。

a pedodontics

b periodontology

c physiology

d prosthodontics

e psychology

第 107 回

WHO の「健康」を定義する文章を示す。

"Health is a state of complete physical, (　　　　) and social well-being and not merely the absence of disease or infirmity".

（　　　　）に入るのはどれか。１つ選べ。

a dental

b mental

c medical

d chemical

e biological

第 109 回　正答　b

ポーセレン・ベニアは審美的問題を解決するために前歯の（　　　　）表層に接着する。

× 　a 　distal「遠心の」

○ 　b 　labial「唇側の」

× 　c 　lingual「舌側の」

× 　d 　mesial「近心の」

× 　e 　occlusal「咬合面の」

※ porcelain「ポーセレン、瀬戸物」、veneer「ベニア」、bond「接着する」、surface「表面」、anterior tooth「前歯」、solve「解決する」、esthetic「審美的な」

第 108 回　正答　c

（　　　　）の目的とは、生物において発生／発育／発達を引き起こす、物理的・化学的要因を明らかにすることである。

× 　a 　pedodontics「小児歯科学」

× 　b 　periodontology「歯周病学」

○ 　c 　physiology「生理学」

× 　d 　prosthodontics「歯科補綴学」

× 　e 　psychology「心理学」

※ explain「説明する」、physical「物理的」、chemical「化学的」、responsible for「原因になる」、origin「発生」、development「発育」、progression「発達」

第 107 回　正答　b

健康とは、病気でないとか、弱っていないということではなく、肉体的にも、（　　　　）にも、そして社会的にも、すべてが満たされた状態にあることをいいます。

× 　a 　dental「歯の」「歯科の」

○ 　b 　mental「精神の」「心的な」「知的な」

× 　c 　medical「医学の」「医療の」「内科の」

× 　d 　chemical「化学の」「化学薬品の」

× 　e 　biological「生物学の」「血のつながった」

※ state「状態」、complete「完全に」、physical「肉体的な」、social「社会的な」、well-being「幸福、健康」、merely「単に」、absence「欠落」、infirmity「病気、虚弱」

第4章 歯科医師国家試験過去問題

第 106 回

Recent studies have shown that (   ) may be one of the most significant risk factors in the development and progression of periodontal disease.

(   ) に入るのはどれか。 1つ選べ。

a smoking

b hypertension

c sugar intake

d heart disease

e lack of exercise

第 105 回

Gingivitis is (   ) caused by dental plaque.

(   ) に入るのはどれか。 1つ選べ。

a aging

b tumor

c trauma

d malnutrition

e inflammation

第 104 回

英語で診断を意味するのはどれか。 1つ選べ。

a analysis

b diagnosis

c treatment

d examination

e consultation

第 106 回　正答　a

最近の研究では、（　　　）は歯周病の発生と進行に関して、最も影響のあるリスク要因の一つと示されている。

- ○　**a**　smoking「喫煙」
- ×　**b**　hypertension「高血圧症」
- ×　**c**　sugar intake「砂糖摂取」
- ×　**d**　heart disease「心疾患」
- ×　**e**　lack of exercise「運動不足」

※ recent「最近の」、significant「顕著な」、factor「因子」、development「発育」、progression「発達」、periodontal disease「歯周病」

第 105 回　正答　e

歯肉炎は、歯垢（デンタルプラーク）に起因する（　　　）である。

- ×　**a**　aging「老化」
- ×　**b**　tumor「腫瘍」
- ×　**c**　trauma「外傷」
- ×　**d**　malnutrition「栄養不良」
- ○　**e**　inflammation「炎症」

※ gingivitis「歯肉炎」、cause「引き起こす」、plaque「歯垢」

第 104 回　正答　b

- ×　**a**　analysis「分析」「分解」「解明」
- ○　**b**　diagnosis「診察」「診断」
- ×　**c**　treatment「治療」「治療法」
- ×　**d**　examimation「試験」「考査」「調査」「検査」「検討」
- ×　**e**　consultation「相談」「協議」「診察」「鑑定」

第4章　歯科医師国家試験過去問題

第 103 回

組合せで誤っているのはどれか。 1 つ選べ。

a　切歯 ———— incisor

b　犬歯 ———— canine

c　小臼歯 ——— premolar

d　智歯 ———— impacted tooth

e　乳歯 ———— deciduous tooth

第 102 回 （関連問題）

「自らの健康をコントロールし、改善できるようにするプロセス」を戦略とするのはどれか。 1 つ選べ。

a　リハビリテーション

b　ノーマライゼーション

c　ヘルスプロモーション

d　クオリティーオブライフ

e　プライマリーヘルスケア

第 103 回　正答　d

× **a** 切歯　　incisor
× **b** 犬歯　　canine
× **c** 小臼歯　premolar
○ **d** 智歯　　wisdom tooth あるいは third molar 「第 3 大臼歯」
　　　　　　　　impacted tooth は「埋伏歯」
× **e** 乳歯　　deciduous tooth

第 102 回（関連問題）　正答　c

× **a** リハビリテーション　　　rehabilitation
× **b** ノーマライゼーション　　normalization
○ **c** ヘルスプロモーション　　health promotion
× **d** クオリティーオブライフ　quality of life
× **e** プライマリーヘルスケア　primary health care

●出典
第 102 ～ 111 回歯科医師国家試験

Column 3
単語がやっぱり一番重要

　海外で育ち、赴任し、生活をして気づいたことが一つあります。英語の学習で最も大事なのは、やはり単語です。どんなに文法を勉強しても、ヒアリングのトレーニングをしても、会話を練習しても、結局単語がわからなければ、意思の疎通は難しい気がします。一方、単語を複数知っていれば、最悪なんとか意思の疎通はとれます。もちろん、文法、ヒアリング、スピーキングなどの技術は大事ですが、応用であり、最低限の単語を知らない状態でのほかの技術の修練は効果が薄いと思われます。単語の勉強は、千里の道も一歩からでありじれったいですが、国家試験は良い機会です。ぜひ、一つでも多くの単語を学んでください。

第5章
オリジナル問題

> 穴埋め形式のオリジナル5択問題。
> 一気に解いて、一気に覚えよう！

オリジナル問題

（　　）に入るのはどれか。
1つ選べ。ただし文頭にくる文字も小文字で示している。

問 1
（　　）is the science of the shape and structure of organisms.
a　anatomy　　b　chemistry　　c　physiology
d　psycology　　e　pathology

問 2
（　　）is the study of bacteria.
a　bacteriology　　b　chemistry　　c　physiology
d　anatomy　　e　pathology

問 3
（　　）concerns the treatment of the dental pulp.
a　bacteriology　　b　chemistry　　c　endodontics
d　anatomy　　e　pathology

問 4
There are （　　）differences between oral mucosa and skin.
a　pharmacological　　b　chemical　　c　endodontic
d　histological　　e　pathological

問1　正答　a

（　　　）は生体の形や構造を扱う学問である。

a　解剖学　　　　b　化学　　　　c　生理学
d　心理学　　　　e　病理学

問2　正答　a

（　　　）は細菌の研究である。

a　細菌学　　　　b　化学　　　　c　生理学
d　解剖学　　　　e　病理学

問3　正答　c

（　　　）は歯髄の治療を扱う。

a　細菌学　　　　b　化学　　　　c　歯内療法学
d　解剖学　　　　e　病理学

問4　正答　d

口腔粘膜と皮膚との間には（　　　）違いがある。

a　薬理学的な　　b　化学的な　　c　歯内療法学的な
d　組織（学）の　　e　病理学的な

問 5

(　　　　) concerns treatment of diseases, injuries, and deformities.

a bacteriology **b** oral surgery **c** endodontics

d histological **e** pathology

問 6

(　　　　) deals with the correction of irregular teeth.

a bacteriology **b** oral surgery **c** endodontics

d histological **e** orthodontics

問 7

(　　　　) concerns the treatment of the defects of teeth.

a operative dentistry **b** oral surgery **c** endodontics

d histological **e** orthodontics

問 8

Oral squamous cell carcinoma is finally defined by (　　　　) diagnosis.

a bacteriology **b** oral surgery **c** endodontics

d histological **e** pathological

問 9

(　　　　) is concerned with the dental care of children.

a bacteriology **b** oral surgery **c** endodontics

d pedodontics **e** pathology

問5　正答　b

（　　　）では病気、怪我、奇形の治療を行う。

a　細菌学　　　b　口腔外科学　　c　歯内療法学
d　組織（学）の　　e　病理学

問6　正答　e

（　　　）では歯列の矯正を行う。

a　細菌学　　　b　口腔外科学　　c　歯内療法学
d　組織（学）の　　e　歯科矯正学

問7　正答　a

（　　　）では歯の欠損の治療をとりあげる。

a　保存修復学　　b　口腔外科学　　c　歯内療法学
d　組織（学）の　　e　歯科矯正学

問8　正答　e

口腔扁平上皮癌は最終的に（　　　）検査で否定された。

a　細菌学　　　b　口腔外科学　　c　歯内療法学
d　組織（学）の　　e　病理（学）の

問9　正答　d

（　　　）では子供の口腔ケアを行う。

a　細菌学　　　b　口腔外科学　　c　歯内療法学
d　小児歯科学　　e　病理学

※小児歯科学の表記は、旧：pedodontics、新：pediatric dentistry

第5章　オリジナル問題

43

問 10

(   ) involves scaling procedures.

a bacteriology **b** oral surgery **c** endodontics

d pedodontics **e** periodontics

問 11

(   ) concerns the normal function in living systems.

a bacteriology **b** physiology **c** endodontics

d pedodontics **e** periodontics

問 12

(   ) concerns the construction of prothesis that replace missing teeth.

a prosthodontics **b** physiology **c** endodontics

d pedodontics **e** periodontics

問 13

(   ) is a field that uses x-ray imaging to diagnose.

a bacteriology **b** physiology **c** radiology

d pedodontics **e** periodontics

問 14

Treatment in conservative dentistry includes endodontic, periodontic, and

(   ) procedures.

a active **b** negative **c** digestive

d restorative **e** positive

問 10 正答　e

（　　　　）治療にはスケーリングが含まれている。

a 細菌学　　　**b** 口腔外科学　　**c** 歯内療法学
d 小児歯科学　**e** 歯周病学

問 11 正答　b

（　　　）では生命体の通常な機能を扱う。

a 細菌学　　　**b** 生理学　　　**c** 歯内療法学
d 小児歯科学　**e** 歯周病学

問 12 正答　a

（　　　）では喪失歯の代わりとなる補綴物の作成をする。

a 歯科補綴学　**b** 生理学　　　**c** 歯内療法学
d 小児歯科学　**e** 歯周病学

問 13 正答　c

（　　　）は診断にエックス線画像を使う分野である。

a 細菌学　　　**b** 生理学　　　**c** 放射線学
d 小児歯科学　**e** 歯周病学

問 14 正答　d

歯科保存の治療は、歯内療法学的、歯周病学的、（　　　　）施術を含む。

a 活動的　　　　　　**b** 消極的な　　　**c** 消化を助ける
d 保存修復学的な　　**e** 積極的な

第5章 オリジナル問題

問 15

(   ) concerns the chemical processes related to living organisms.

a bacteriology **b** biochemistry **c** endodontics

d histological **e** pathology

問 16

Inflammation is the (   ) reaction to bacterial infection.

a bacterial **b** biological **c** endodontic

d histological **e** pathological

問 17

The (   ) bone is the part of the jaw supporting the teeth.

a mandibular **b** maxillary **c** medial

d buccal **e** alveolar

問 18

(   ) is the direction towards the tip of the root.

a distal **b** lingual **c** medial

d buccal **e** apical

問 19

(   ) is the direction towards the inside of the cheek.

a distal **b** lingual **c** medial

d buccal **e** apical

問 15　正答　b

（　　　）は生体臓器における化学反応に関連する。

a　細菌学　　　　b　生化学　　　　c　歯内療法学
d　組織学の　　　e　病理学

問 16　正答　b

炎症は細菌感染に対する（　　　）反応である。

a　細菌の　　　　b　生物の　　　　c　歯内療法の
d　組織学の　　　e　病理（学）の

問 17　正答　e

（　　　）骨は歯を支える顎骨の一部である。

a　下顎の　　　　b　上顎の　　　　c　近心の
d　頬側の　　　　e　歯槽の

問 18　正答　e

（　　　）側は歯根の先端に向かう方向である。

a　遠心の　　　　b　舌側の　　　　c　近心の
d　頬側の　　　　e　根尖の

問 19　正答　d

（　　　）は頬の内面に向かう方向である。

a　遠心の　　　　b　舌側の　　　　c　近心の
d　頬側の　　　　e　根尖の

問 20

The tooth between the lateral incisor and the first premolar is the (   ).

a mandible   **b** canine   **c** maxilla

d molar   **e** apex

問 21

(   ) and bridges are fixed prosthetic appliances.

a crowns   **b** dentures   **c** sealants

d resins   **e** extractions

問 22

(   ) covers the roots of teeth.

a dentin   **b** enamel   **c** cementum

d apex   **e** dental pulp

問 23

The layer inside the enamel and cementum is the (   ).

a dentin   **b** enamel   **c** cementum

d apex   **e** dental pulp

問 24

(   ) is the direction towards the throat.

a distal   **b** lingual   **c** medial

d buccal   **e** apical

問 20　正答　　b

側切歯と第一小臼歯の間の歯は（　　　）である。

a　下顎　　　　　b　犬歯　　　　　c　上顎

d　臼歯　　　　　e　根尖

問 21　正答　　a

（　　　）とブリッジは固定式の補綴物である。

a　クラウン　　　b　義歯　　　　　c　シーラント

d　レジン　　　　e　抜歯

問 22　正答　　c

（　　　）は歯根を覆っている。

a　象牙質　　　　b　エナメル質　　c　セメント質

d　根尖　　　　　e　歯髄

問 23　正答　　a

（　　　）はエナメル質とセメント質の内側にある層である。

a　象牙質　　　　b　エナメル質　　c　セメント質

d　根尖　　　　　e　歯髄

問 24　正答　　a

（　　　）側は咽喉に向かう方向である。

a　遠心の　　　　b　舌側の　　　　c　近心の

d　頬側の　　　　e　根尖の

問 25

The (　　　) is the hard tissue covering the crown.

a dentin 　　　**b** enamel 　　　**c** cementum

d apex 　　　**e** gingiva

問 26

(　　　) is the soft tissue lining the alveolar bone.

a dentin 　　　**b** enamel 　　　**c** cementum

d apex 　　　**e** gingiva

問 27

The occlusal surfaces have (　　　) called pits and fissures.

a dentins 　　　**b** enamels 　　　**c** cementum

d grooves 　　　**e** cusps

問 28

The (　　　) are situated at the front side of the dental arch.

a incisors 　　　**b** premolars 　　　**c** gingivae

d molars 　　　**e** grooves

問 29

(　　　) is the direction towards the inside of the lip.

a distal 　　　**b** lingual 　　　**c** medial

d buccal 　　　**e** labial

問 25　正答　b

（　　　）は歯冠を覆っている硬組織である。

a　象牙質　　　b　エナメル質　　c　セメント質
d　根尖　　　　e　歯肉

問 26　正答　e

（　　　）は歯槽骨を覆っている軟組織である。

a　象牙質　　　b　エナメル質　　c　セメント質
d　根尖　　　　e　歯肉

問 27　正答　d

咬合面は小窩や裂溝と呼ばれる（　　　）がある。

a　象牙質　　　b　エナメル質　　c　セメント質
d　溝　　　　　e　咬頭

問 28　正答　a

（　　　）は歯列の前方にある。

a　切歯　　　　b　小臼歯　　　c　歯肉（複数形）
d　臼歯　　　　e　溝

問 29　正答　e

（　　　）は唇の内面に向かう方向である。

a　遠心　　　　b　舌側　　　　c　近心
d　頬側　　　　e　唇側

問 30

The shape of the （　　　） is similar to, but smaller than the central incisor.

a lateral incisor　　　**b** premolar　　**c** molar

d gingiva　　　**e** dental pulp

問 31

（　　　） side of the tooth faces the tongue.

a distal　　　**b** lingual　　　**c** medial

d buccal　　　**e** labial

問 32

"Upper jaw" is the lay term for （　　　） jaw.

a mandiblar　　**b** maxillary　　**c** medial

d distal　　　**e** lingual

問 33

Diagnosis and treatment of cancer affecting the mouth, jaws, face, and neck are conducted by oral and （　　　） surgeons.

a cancer　　　**b** dental　　　**c** diagnosis

d maxillofacial **e** operative

問 34

"Lower jaw" is the lay term for （　　　）.

a dentition　　**b** chin　　　**c** mandible

d maxilla　　　**e** molar

問 30　正答　a

（　　　）の形は中切歯に似ているが、小さい。

a 側切歯　　　　**b** 小臼歯　　　　**c** 臼歯
d 歯肉　　　　　**e** 歯髄

問 31　正答　b

歯の（　　　）は舌に面している。

a 遠心　　　　　**b** 舌側　　　　　**c** 近心
d 頬側　　　　　**e** 唇側

問 32　正答　b

「上アゴ」は（　　　）一般用語である。

a 下顎の　　　　**b** 上顎の　　　　**c** 近心の
d 遠心の　　　　**e** 舌側の

問 33　正答　d

口腔、顎、顔面、頸部に関わるガンの診断および治療は口腔（　　　）外科医に
よって行われる。

a 癌　　　　　　**b** 歯科の　　　　**c** 診断
d 顎顔面の　　　**e** 手術の

問 34　正答　c

「下アゴ」は（　　　）の一般用語である。

a 歯列　　　　　**b** 顎　　　　　　**c** 下顎
d 上顎　　　　　**e** 臼歯

※ mandible（名詞形）− mandibular（形容詞）、maxilla（名詞形）− maxillary（形容詞）
それぞれ形容詞でもよく使われる。例えば mandibular molar や maxillary molar など。

第5章　オリジナル問題

問 35

(   ) grind food during chewing.

a anterior teeth   **b** canines   **c** front teeth

d incisors   **e** molars

問 36

The lining inside your cheek is called the buccal (   ) .

a cavity   **b** frenum   **c** palate

d mucosa   **e** nerve

問 37

A (   ) bar connects the left and right sides of the partial denture in the maxilla.

a palatal   **b** buccal   **c** lingual

d labial   **e** posterior

問 38

The (   ) is the soft tissue in the center of the tooth.

a cementum   **b** dentin   **c** enamel

d periodontal ligament   **e** pulp

問 35　正答　e

（　　　）は咀嚼の際、食物をすりつぶす。

a　前歯　　　　b　犬歯　　　　c　前歯
d　切歯　　　　e　臼歯

問 36　正答　d

頬の内側の膜を頬（　　　）と呼ぶ。

a　窩洞　　　　b　小帯　　　　c　口蓋
d　粘膜　　　　e　神経

※ buccal mucosa の一般用語は inner cheek

問 37　正答　a

（　　　）バーは上顎部分床義歯の両側を繋ぐ。

a　口蓋の　　　b　頬側の　　　c　舌の
d　口唇の　　　e　後部の

問 38　正答　e

（　　　）は歯の中心にある軟組織である。

a　セメント質　b　象牙質　　　c　エナメル質
d　歯根膜　　　e　歯髄

※一般的には pulp は柔らかい果肉やドロドロの状態のもの（紙の原料など）を指す。
「歯髄」の場合は dental をつけて dental pulp と呼ぶことも。

第5章 オリジナル問題

問 39

Premolars are located (   ) molars and canines.

a across   **b** behind   **c** beneath

d between   **e** opposite

問 40

(   ) treatment is conducted on infections of the dental pulp.

a root canal   **b** orthodontic   **c** periodontal

d prosthodontic   **e** implant

問 41

The upper first molar typically has three (   ) .

a periodontal ligament **b** roots   **c** dentine

d cementum   **e** enamel

問 42

(   ) pulpitis occurs when bacteria invade the dental pulp.

a acute   **b** arrested   **c** recurrent

d temporary   **e** ulcerative

問 43

(   ) can be prescribed by dentists for treatment of periodontitis.

a antibiotics   **b** antibodies   **c** antigens

d antihistamines   **e** antiseptics

問 39　正答　　d

小臼歯は大臼歯と犬歯（　　　）位置する。

a　横切って　　　b　後ろに　　　c　〜の下に

d　〜の間に　　　e　〜の向かい側に

問 40　正答　　a

歯髄の感染には（　　　）治療が行われる。

a　根管　　　　　b　矯正の　　　c　歯周の

d　補綴の　　　　e　インプラント

※ endodontic treatment ともいう。

問 41　正答　　b

上顎第一大臼歯は一般的に（　　　）が 3 本ある。

a　歯根膜　　　　b　歯根　　　　c　象牙質

d　セメント質　　e　エナメル質

問 42　正答　　a

（　　　）歯髄炎は細菌が歯髄に侵入するときに起こる。

a　急性　　　　　b　停止性　　　c　再発性

d　一時的　　　　e　潰瘍性

問 43　正答　　a

（　　　）は歯周炎治療のために歯科医によって処方される。

a　抗生剤　　　　　　b　抗体　　　　c　抗原

d　抗ヒスタミン剤　　e　消毒薬

第5章　オリジナル問題

問 44

Local (   ) in dental treatment is a loss of feeling in a small part of the oral region.

a sensation   **b** pain   **c** anesthesia

d procedure   **e** surgery

問 45

Amalgam (   ) has been used for fillings.

a addition   **b** alloy   **c** mercury

d metal   **e** mixture

問 46

The cause of (   ) is bacterial breakdown of the enamel.

a caries   **b** fracture   **c** gingivitis

d inflammation   **e** malocclusion

問 47

Caries is known as tooth decay or (   ).

a bacteria   **b** cavity   **c** debris

d toothache   **e** Streptococcus mutans

問 48

Poor oral care habits create (   ).

a calcium   **b** calcification **c** calcination

d calculus   **e** canals

問 44　正答　　c

歯科治療における局所（　　　　）では口腔内の一部の感覚が失われる。

a　感覚　　　　　b　痛み　　　　　c　麻酔
d　手順　　　　　e　手術

問 45　正答　　b

アマルガム（　　　　）は充填に使われてきた。

a　追加物　　　　b　合金　　　　　c　水銀
d　金属　　　　　e　混合物

問 46　正答　　a

（　　　　）の原因は細菌による硬組織の侵食である。

a　う蝕　　　　　b　破折　　　　　c　歯肉炎
d　炎症　　　　　e　不正咬合

問 47　正答　　b

う蝕は tooth decay もしくは（　　　　）とも呼ばれる。

a　細菌　　　　　b　虫歯　　　　　c　破片
d　歯痛　　　　　e　ミュータンス連鎖菌

※ dental caries は専門用語で tooth decay および cavity は一般用語として使われる。

問 48　正答　　d

不十分な口腔衛生習慣は（　　　　）を作る。

a　カルシウム　　b　石灰化　　　　c　焼成
d　歯石　　　　　e　管

※「歯石」のことを tartar と呼ぶことも。

問 49

A wax pattern is converted to a metal inlay in (   ) .

a casting **b** carving **c** chewing

d soldering **e** flasking

問 50

The main component of (   ) are collagen fibers.

a nerve tissues **b** muscles **c** connective tissues

d hard tissues **e** epithelial tissues

問 51

(   ) is most important in complete denture construction.

a consist **b** consisted **c** consistency

d consistent **e** consisting

問 52

Improper maintenance of devices can cause (   ) .

a contamination **b** concentration **c** consideration

d configuration **e** condensation

問 53

Dry mouth in many cases is a (   ) condition.

a acute **b** chronic **c** temporary

d tentative **e** lubricative

問 49　正答　a

（　　　　）ではワックスパターンからメタルインレーが作られる。

a　鋳造　　　　**b**　彫刻（カービング）　　　**c**　咀嚼
d　ろう付け　　　**e**　埋没（フラスキング）

問 50　正答　c

（　　　　）は主にコラーゲン線維からできている。

a　神経組織　　　**b**　筋　　　　　**c**　結合組織
d　硬組織　　　　**e**　上皮組織

※日本語では「コラーゲン」だが、英語の発音は「カラージェン」。

問 51　正答　c

入れ歯の構造においては（　　　　）が一番重要である。

a　成る　　　　　　　**b**　成り立った　　　　　**c**　一貫性
d　首尾一貫した　　　**e**　−から成る

※ consist（動詞）− consistency（名詞）− consistent（形容詞）

問 52　正答　a

不十分な装置の管理は（　　　　）を引き起こすことがある。

a　汚染　　　　**b**　集結　　　　**c**　考察
d　形状　　　　**e**　濃縮

問 53　正答　b

口腔乾燥症は多くの場合（　　　　）である。

a　急性　　　　**b**　慢性　　　　**c**　一時的な
d　仮の　　　　**d**　潤滑性の

※ acute の反意語は chronic

問 54

Orthodontic treatment is used to correct （　　　） .

a caries **b** crowding **c** periodontitis
d inflammation **e** infection

問 55

Hydroxyapatite is a calcium phosphate with a （　　　） structure.

a spiral **b** anatomical **c** protein
d layer **e** crystal

問 56

（　　　） are removable appliances that can replace missing teeth.

a braces **b** bridges **c** crowns
d dentures **e** implants

問 57

（　　　） instruments are the tools used to provide dental treatment.

a dent **b** dental **c** dentist
d dentistry **e** dentition

問 54　正答　b

矯正治療は歯の（　　　　）を修正するために行われる。

a　う蝕　　　　**b**　叢生　　　　**c**　歯周炎

d　炎症　　　　**e**　感染

※「矯正治療」は crowding 以外に overbite, underbite, crossbite, openbite, misplaced midline, spacing の修正のために行われる。

問 55　正答　e

ハイドロキシアパタイトは（　　　　）構造をもったリン酸カルシウムである。

a　らせん形の　**b**　解剖の　　　**c**　タンパク質

d　層　　　　　**e**　結晶

問 56　正答　d

（　　　　）は失った歯の代わりとなる脱着可能な装置である。

a　矯正装置　　**b**　ブリッジ　　**c**　クラウン

d　義歯　　　　**e**　インプラント

※ braces は「矯正装置」の一般用語

（例）She wears braces.「彼女は矯正装置をつけている」

問 57　正答　b

（　　　　）器具は口腔ケアを提供するために使われる器具である。

a　くぼみ　　　**b**　歯科の　　　**c**　歯科医

d　歯科　　　　**e**　歯列

第5章　オリジナル問題

63

問 58

Various examinations are necessary to reach the final （　　　）．

a diagnosis　　**b** answer　　　**c** decision

d conclusion　**e** outcome

問 59

The two major oral （　　　） are caries and periodontitis.

a treatments　**b** surgeries　　**c** cares

d disorders　　**e** cavities

問 60

A dental mirror provides better visual access during dental （　　　）．

a materials　　**b** examination　**c** appliance

d instrument　**e** x-ray

問 61

A number of （　　　） studies link tooth brushing to caries.

a expanded　　**b** expected　　**c** expensive

d extraction　**e** experimental

問 62

A safe and effective way to prevent dental decay is the （　　　） of community
water supply.

a compression　　　**b** protein　　　**c** fluoridation

d concentration　　**e** polymer

問 58　正答　a

確定（　　　）に至るまでにさまざまな検査が必要である。

a　診断　　　　b　答　　　　　c　決定
d　結論　　　　e　結末

問 59　正答　d

２大口腔（　　　）はう蝕と歯周炎である。

a　治療　　　　b　手術　　　　c　ケア
d　疾患　　　　e　虫歯

※ disorder の類語には condition、disease「重度」、complaint「軽度・慢性」などがある。

問 60　正答　b

歯科用ミラーは歯科の（　　　）でよりよい視野をもたらす。

a　材料　　　　b　検診　　　　c　装置
d　器具　　　　e　エックス線

問 61　正答　e

いくつかの（　　　）研究は歯磨きとう蝕を結び付けている。

a　拡大された　　b　予期された　　c　高価な
d　抜歯　　　　　e　実験的な

問 62　正答　c

公共給水の（　　　）は、う蝕を防止する安全で効果的な方法だ。

a　圧縮　　　　b　タンパク質　　　　c　フッ化物添加
d　濃度　　　　e　高分子

問 63

(   ) studies are often called "test-tube experiments".

a in situ   b in vitro   c in silico

d in vivo   e ex vivo

問 64

(   ) researches are selected to evaluate the biological reactions in whole living organisms such as animals.

a in situ   b in vitro   c in silico

d in vivo   e ex vivo

問 65

Periodontitis ranges from slight (   ) to serious disease that results in major damage to the soft tissue and bone supporting the teeth.

a phenomenon   b inflammation   c diabetes

d occlusion   e impression

問 66

Sterilization and (   ) control is essential in dental clinics.

a phenomenon   b inflammation   c diabetes

d infection   e impression

問 67

A syringe is used to (   ) lidocaine for local anesthetic.

a insert   b input   c inlay

d intern   e inject

問 63　正答　b

（　　　　）研究は、しばしば「試験管実験」と呼ばれる。

a　その場で　　　b　試験管内の　　　c　コンピューターでの
d　生体内での　　e　生体外での

問 64　正答　d

（　　　）研究は、動物などの生物体内における生物学的反応を評価するために選択される。

a　その場で　　　b　試験管内の　　　c　コンピューターでの
d　生体内での　　e　生体外での

問 65　正答　b

軽度な（　　　　）から、重度の症状に至る歯周炎は、歯を支持する軟組織や骨に対して重篤なダメージを与える。

a　現象　　　　　b　炎症　　　　　c　糖尿病
d　咬合　　　　　e　印象

問 66　正答　d

滅菌と（　　　　）コントロールは、歯科医院で必須である。

a　現象　　　　　b　現象　　　　　c　糖尿病
d　感染　　　　　e　印象

問 67　正答　e

注射器は、局所麻酔でリドカインを（　　　　）のに用いられる。

a　差し込む　　　b　入力　　　　　c　インレー
d　インターン　　e　注射する

問 68

Cross bite is a condition observed in (　　　) cases.

a hyperplasia **b** trial **c** mastication

d malocclusion **e** metabolic

問 69

There should be a minimal gap between the crown and tooth in the (　　　) .

a margin **b** pit **c** fissure

d skelton **e** groove

問 70

(　　　) is the grinding process of food.

a mastication **b** restoration **c** swallowing

d synthesis **e** creation

問 71

One of the causes of dry mouth is (　　　) .

a mastication **b** bleeding **c** hypertrophy

d sealant **e** medication

問 72

(　　　) cysts and tumors vary greatly in size and severity.

a statistic **b** organic **c** photogenic

d artistic **e** odontogenic

問 68　正答　d

交叉咬合は、（　　　　）にみられる状態である。

a　過形成　　　　b　挑戦　　　　　c　咀嚼

d　不正咬合　　　e　代謝

※接頭語の mal は「悪、不良、不完全」の意味をつけるために使用される。

問 69　正答　a

クラウンと歯の間の（　　　　）は、最小限の隙間であるべきだ。

a　辺縁　　　　　b　窩　　　　　　c　亀裂

d　骨格　　　　　e　溝

※ crown と tooth の gap「間」から推測。

問 70　正答　a

（　　　　）は、食べ物をすりつぶす過程である。

a　咀嚼　　　　　b　修復　　　　　c　嚥下

d　合成　　　　　e　創造

問 71　正答　e

（　　　　）は、口腔乾燥症の一つの原因である。

a　咀嚼　　　　　b　出血　　　　　c　肥大

d　シーラント　　e　薬物治療

問 72　正答　e

（　　　　）嚢胞と腫瘍は大きさと重篤度において非常に多様である。

a　統計の　　　　b　臓器の　　　　c　写真向きの

d　芸術的な　　　e　歯原性の

問 73

Problems in the teeth can effect （　　　　） in the body.

a organs　　　　**b** diagram　　　　**c** organisms

d overdose　　　**e** apparatus

問 74

Adjustment of fixed appliances is necessary for proper （　　　　）.

a suction　　　　**b** jaw　　　　**c** occlusion

d vacuum　　　　**e** stress

問 75

（　　　　） is biofilm that form on teeth.

a fever　　　　**b** bar　　　　**c** molecule

d polymer　　　**e** plaque

問 76

Communication is important in establishing rapport between the （　　　　） and the dentist.

a doctor　　　　**b** client　　　　**c** servant

d patient　　　**e** customer

問 77

Premolars and molars are （　　　　） teeth.

a inferior　　　　**b** posterior　　　　**c** interior

d anterior　　　**e** superior

問 73　正答　a

歯の問題は、体中の（　　　）に影響を与える。

a 臓器　　　　**b** 図形　　　　**c** 有機体
d 過剰投与　　**e** 装置

問 74　正答　c

固定装置の調整は、適切な（　　　）に必要である。

a 吸引　　　　**b** 顎　　　　　**c** 咬合
d 真空　　　　**e** 圧力

問 75　正答　e

（　　　）は、歯の上にできるバイオフィルムである。

a 熱　　　　　**b** バー　　　　**c** 分子
d 高分子　　　**e** 歯垢

問 76　正答　d

コミュニケーションは、（　　　）と歯科医師の間のラポールを構築するために
重要である。

a 医師　　　　**b** 顧客　　　　**c** 使用人
d 患者　　　　**e** 顧客

※ rapport「対人関係」

問 77　正答　b

小臼歯と大臼歯は（　　　）歯である。

a 劣った　　　**b** 後部の　　　**c** 内部の
d 前部の　　　**e** 上位の

問 78

(   ) swelling was observed following the impacted tooth extraction.

a stable   **b** post-operative   **c** vertical

d in vivo   **e** horizontal

問 79

Tooth (   ) involves making space for crowns.

a fixation   **b** extraction   **c** preparation

d condition   **e** solution

問 80

The dentist (   ) medication to prevent infections after tooth extractions.

a prescribes   **b** proves   **c** verifies

d counts   **e** points

問 81

(   ) restorations are used to simulate a definitive restoration.

a horizontal   **b** provisional   **c** lateral

d subgingival   **e** permanent

問 82

A dental filling (   ) the function of your tooth.

a swallows   **b** repeats   **c** restores

d responds   **e** recurs

問 78　正答　　b

（　　　）の腫脹が、埋伏歯の抜歯後に観察された。

a　安定した　　　b　術後の　　　　c　垂直の

d　生体内の　　　e　水平面の

問 79　正答　　c

支台歯（　　　）は、クラウンのスペースを作ることも含む。

a　固定　　　　　b　抜歯　　　　　c　形成（tooth preparation で「支台歯形成」）

d　状態　　　　　e　解決

問 80　正答　　a

歯科医師は、抜歯後の感染を防ぐために薬を（　　　）。

a　処方する　　　b　証明する　　　c　確かめる

d　数える　　　　e　向ける

問 81　正答　　b

（　　　）修復は、最終的な修復をシミュレートするために使用される。

a　水平の　　　　b　仮の　　　　　c　側方の

d　歯肉下の　　　e　永続する

問 82　正答　　c

歯科充填は、あなたの歯の機能を（　　　）。

a　飲み込む　　　b　繰り返す　　　c　修復する

d　返答する　　　e　再発する

問 83

Orthodontic (   ) hold teeth in position after treatment.

a dentures   **b** crowns   **c** inlays

d retainers   **e** bridges

問 84

(   ) help to maintain the health of soft and hard tissues.

a stains   **b** cysts   **c** allergies

d saliva   **e** microscopes

問 85

(   ) and root planing removes bacteria from the periodontal pockets.

a preserving   **b** scaling   **c** tipping

d operating   **e** grafting

問 86

Caries are mainly caused by (   ) mutans.

a stimulation   **b** synthesis   **c** sinus

d subgingival   **e** streptococcus

問 87

(   ) calculus forms in the periodontal pockets.

a subgingival   **b** rate   **c** investigation

d essential   **e** bleed

問 83　正答　d

矯正の（　　　）は、治療後に歯の位置を保つ。

a　義歯　　　　　b　クラウン　　　c　インレー
d　保定装置　　　e　ブリッジ

問 84　正答　d

（　　　）は、軟組織と硬組織の健康を維持するのを助ける。

a　よごれ　　　　b　囊胞　　　　　c　アレルギー
d　唾液　　　　　e　顕微鏡

問 85　正答　b

（　　）とルートプレーニングは、歯周ポケットから細菌を取り除く。

a　保存　　　　　b　スケーリング　　　　c　先端
d　操作　　　　　e　移植

問 86　正答　e

う蝕は主に（　　　）ミュータンスによって引き起こされる。

a　刺激　　　　　b　合成　　　　　c　洞
d　歯肉縁下の　　e　ストレプトコッカス

問 87　正答　a

（　　　）歯石は、歯周ポケットに形成される。

a　歯肉縁下の　　b　割合　　　　　c　調査
d　必須の　　　　e　出血する

問 88

(　　　) is one of the five symptoms of inflammation.

a ulcer 　　　 **b** cysts 　　　 **c** contamination

d swelling 　　 **e** process

問 89

Dry mouth is one of the main symptoms of Sjögren's (　　　) .

a theory 　　　　 **b** discomfort 　 **c** patient

d environment 　　　 **e** syndrome

問 90

Signs of (　　) disease are sometimes found in the mouth.

a systemic 　 **b** statistic 　　 **c** peripheral

d center 　　 **e** whole

問 91

The creation of iPS cells is a breakthrough in (　　) engineering.

a metal 　　 **b** bacteria 　 **c** ultrasonic

d business 　 **e** tissue

問 92

(　　　) has high biocompatibility and bonding ability with bone.

a silver 　　 **b** gold 　　　 **c** titanium

d cobalt 　　 **e** silicon

問 88　正答　d

（　　　　）は、炎症の 5 徴候の一つである。

a　潰瘍　　　　　b　嚢胞　　　　　c　汚染

d　膨張　　　　　e　過程

問 89　正答　e

口腔乾燥症は、シェーグレン（　　　　）の主な症状の一つである。

a　理論　　　　　b　不快　　　　　c　患者

d　環境　　　　　e　症候群

問 90　正答　a

（　　　　）疾患の徴候がしばしば口腔内に認められる。

a　全身の　　　　b　統計値　　　　c　周囲の

d　中心　　　　　e　全体の

問 91　正答　e

iPS 細胞の創造は（　　　　）工学における大きな進歩だ。

a　金属　　　　　b　細菌　　　　　c　超音波の

d　職業　　　　　e　組織

問 92　正答　c

（　　　　）は高い生体親和性と骨への結合能をもつ。

a　銀　　　　　　b　金　　　　　　c　チタン

d　コバルト　　　e　ケイ素

問 93

(   ) is pain in the teeth caused by dental disease, such as caries.

a heartache   **b** backache   **c** toothache

d headache   **e** stomachache

問 94

An overdose of medication has a (   ) effect on the kidneys.

a positive   **b** proper   **c** sufficient

d toxic   **e** optimal

問 95

During tooth (   ) period, the deciduous teeth become loose and eventually fall out.

a transportation   **b** transmission   **c** transparent

d transit   **e** transition

問 96

Dental (   ) is often caused by car accidents.

a trauma   **b** tumor   **c** cyst

d phobia   **e** caries

問 97

Even without pain, bleeding and swelling of the gums suggest periodontal (   ) .

a treatment   **b** situation   **c** condition

d health   **e** ligament

問 93　正答　c

（　　　）は、う蝕のような歯科疾患に起因する痛みだ。

a　心痛、悲嘆　　b　腰痛　　　　c　歯痛

d　頭痛　　　　　e　腹痛

問 94　正答　d

過剰な薬物治療は、腎臓に（　　　）作用をもたらす。

a　明確な　　　　b　適切な　　　c　十分な

d　中毒（性）の　e　最適な

問 95　正答　e

歯の（　　　）期に、乳歯は動揺がはげしくなり、やがて抜け落ちる。

a　輸送　　　　　b　伝達　　　　c　透明な

d　通過　　　　　e　交換

※ tooth transition period で「歯の交換期（混合歯列期）」

問 96　正答　a

交通事故でしばしば歯科における（　　　）が起きる。

a　外傷　　　　　b　腫瘍　　　　c　嚢胞

d　恐怖症　　　　e　う蝕

問 97　正答　a

痛みがなくても、出血と腫脹は歯周（　　　）（の必要性）を暗示する。

a　治療　　　　　b　状況　　　　c　状態

d　健康　　　　　e　靱帯

問 98

Neoplasm is an abnormal growth of tissue which is commonly called a
" (   ) ".

a cyst **b** tumor **c** inflammation
d hyperplasia **e** hypertension

問 99

The (   ) in dental treatment enables visualization of damage to teeth
and jaws.

a examination **b** check up **c** x-ray
d diagnosis **e** prognosis

問 98　正答　　b

新生物は、一般的に（　　　　）と呼ばれる組織の異常増殖である。

a　嚢胞　　　　　b　腫瘍　　　　　c　炎症
d　過形成　　　　e　高血圧

問 99　正答　　c

歯科治療において（　　　　）は、歯や顎骨の傷害を視覚化することが出来る。

a　検査　　　　　b　健康診断をする　　　c　エックス線
d　診断　　　　　e　予知

第5章

オリジナル問題

Column 4
どの程度の単語数の習得が必要？

　仕事柄、「英語ってどうやれば話せるようになりますか？」とよく聞かれます。その際、私はいつもこう答えることにしています。「どの程度のレベルになりたいですか？」と。海外旅行に行って、少々会話をして帰ってくる程度なら、中学校の単語、文法が使えれば十分です。一方、中級レベルで仕事に英語を使いたい場合は、3,000〜4,000 時間の学習と、5,000〜6,000 語の単語数の習得は必須のようです。ちなみに、もし、簡単な映画が観たいなら、12,000 語程度を覚えるとよいといわれています。

付録
基礎単語 編
専門用語と一般用語 編

> 実際に歯科で使われている英単語を収録。
> 併せて覚えると効果倍増!

基礎単語 編

歯科衛生士の方も必須の基礎単語です！

	abnormal	▶ 異常な
	absence	▶ 欠乏
	absorption	▶ 吸収
	ache	▶ 痛む、痛み
	activate	▶ 活性化する
	adaptation	▶ 適応、適合
	adhesion	▶ 付着力
	aging	▶ 加齢
	allergy	▶ アレルギー
	analysis	▶ 分析
	apparatus	▶ 装置
	artificial	▶ 人工的な
	avoid	▶ 避ける
	axis	▶ 軸
	bacteria	▶ 細菌
	basic	▶ 基礎の、塩基性の
	benign	▶ 良性の
	bleed	▶ 出血する
	breakdown	▶ 破損

bur	▶	バー
cancer	▶	癌
carbohydrate	▶	炭水化物
casting	▶	鋳造物
cellular	▶	細胞（質）の
ceramic	▶	陶材の
characteristic	▶	特有の
chemically	▶	化学的に
chew	▶	咬む
chief complaint	▶	主訴
cleaning	▶	（歯牙）清掃
cleft palate	▶	口蓋裂
clench	▶	食いしばる
clinician	▶	臨床医
comparatively	▶	比較的に
compatibility	▶	適合性
compression	▶	圧縮
conclusion	▶	終結、結論
condition	▶	条件、状態
confirmation	▶	確定
contamination	▶	汚染
contrary	▶	反対の
contrast	▶	対照

付録　基礎単語編

conventional	▶	一般の
conversely	▶	逆にいえば
correlation	▶	関連性
create	▶	作り出す
crossbite	▶	交叉咬合
crystalline	▶	結晶性の
curette	▶	鋭匙
define	▶	定義する
degree	▶	程度
demineralize	▶	脱灰する
dental laboratory	▶	歯科技工所
dentistry	▶	歯科医学
deposit	▶	沈澱物
depth	▶	深さ
deterioration	▶	悪化
development	▶	発達
device	▶	器械、装置
diabetes	▶	糖尿病
diagram	▶	図形
diet	▶	食べ物
dimension	▶	寸法、次元
discomfort	▶	不快
disorder	▶	疾患

effect	▶	効果
electron microscope	▶	電子顕微鏡
emergency	▶	緊急
environment	▶	環境
erosion	▶	浸食
erupt	▶	萌出する
essential	▶	重要な
esthetic	▶	審美的な
evaluation	▶	評価
explanation	▶	説明
exposure	▶	曝されること
express	▶	表わす、示す
extract	▶	抜く
extrusion	▶	挺出
facial	▶	顔面の
fermentable	▶	発酵性の
fever	▶	熱
fill	▶	充填する
finding	▶	発見
fit	▶	適合
fracture	▶	破折、骨折
graft	▶	移植する
groove	▶	溝

付録 基礎単語編

87

homogeneous	▶	均質な
horizontal	▶	水平な
hygienist	▶	衛生士
hyperplasia	▶	過形成
hypertrophy	▶	肥大
identical	▶	同一の
implant	▶	移植する、埋入体
impression	▶	印象
in vitro	▶	試験管の中で
in vivo	▶	生体内
infirmity	▶	虚弱
intake	▶	摂取
interaction	▶	相互作用
investigation	▶	研究
irreversible	▶	不可逆的な
jaw	▶	顎
lesion	▶	病巣
local anesthetic	▶	局所麻酔薬
medial	▶	中央の
medication	▶	薬物
metabolic	▶	新陳代謝の
metastasis	▶	転移
minimum	▶	最小量

mobile	▶	動きやすい
molecular	▶	分子の
operation	▶	手術、処置
oral	▶	口腔の
overdose	▶	過剰投与
palpation	▶	触診
papilla	▶	乳頭
partial denture	▶	局部義歯
partially	▶	部分的に
patient	▶	患者
phenomenon	▶	現象
physical	▶	肉体的に、物理学上の
polymer	▶	重合体
porosity	▶	多孔性
preserve	▶	保存する
prior	▶	前の
probability	▶	確率
probe	▶	探針
process	▶	過程
progression	▶	進歩
protein	▶	タンパク質
qualitative	▶	質的な
quantitative	▶	量的な

付録 基礎単語編

89

quantity	▶	量
rate	▶	割合
ratio	▶	比率
reaction	▶	反応
reconstruction	▶	修復
removable denture	▶	可撤性義歯
researcher	▶	研究者
resin	▶	レジン
resorption	▶	吸収
response	▶	反応
responsible（for）	▶	～の要因である
restoration	▶	修復、修復物
restore	▶	修復する
retainer	▶	保定装置
retrude	▶	後退する
root planing	▶	歯根平滑化
scaler	▶	スケーラー
sealant	▶	シーラント
sequence	▶	順序
sign	▶	兆候
significant	▶	重要な
skeletal	▶	骨格の
solubility	▶	溶解性

specimen	▶	標本
stabilize	▶	固定する
stable	▶	安定した
stain	▶	有色性沈着物、着色
state	▶	状態
statistic	▶	統計の
stimulation	▶	刺激（作用）
streptococcus	▶	連鎖球菌
stress	▶	ストレス
structure	▶	構造
subgingival	▶	歯肉縁下の
subject	▶	被験者、対象
surgery	▶	外科学、外科
surrounding	▶	周囲（の）
suture	▶	縫合
swallow	▶	嚥下する
symmetry	▶	対称
synthesis	▶	合成
tendency	▶	傾向
theoretical	▶	理論的な
theory	▶	理論
therapy	▶	治療
trial	▶	試験

付録 基礎単語編

91

◡	ulcer	▶	潰瘍
◡	ultrasonic	▶	超音波
◡	vacuum	▶	真空
◡	verify	▶	説明する、証明する
◡	vital	▶	生命力、生活している
◡	well-being	▶	健康な
◡	wisdom tooth	▶	智歯
◡	X-ray	▶	エックス線

Column 5
歯科保存学、保存修復学

　保存修復学には"restorative dentistry"という表記と"operative dentisty"という表記があります。大学や国によって違いますが、どちらでもよいでしょう。また"conservative dentistry"を歯科保存学として訳しますが、これを保存修復学と訳す場合もあります。ただ日本では一般的に歯科保存学の中に保存修復学、歯内療法学、歯周病学があります。大学によって歯内療法学と歯周病学が同じ講座の所もあります。これらもどれが正しいというわけではないので、英単語を覚える場合は全種類を覚えるのが理想です。

専門用語と一般用語 編

専門用語	訳	一般用語
amalgam restoration	アマルガム充填物	silver filling
anterior tooth	前歯	front tooth
apex	根尖	root tip
apical	根尖の	root tip
articulation	発音	speech
biopsy	生検	tissue test
bruxism	歯ぎしり	grinding of the teeth
buccal surface	頬側面	cheek side
buccally	頬側に	towards the cheek
calculus	歯石	tartar, hard deposits
carcinoma	癌	cancer
caries	う蝕（虫歯）	cavity
carious lesion	う蝕病変	tooth decay
central incisor	中切歯	front tooth
composite resion	コンポジットレジン	plastic
deciduous teeth, primary teeth	乳歯	milk teeth, baby teeth
dental caries	う蝕	tooth decay
dentifrice	歯磨剤	toothpaste
dentition	歯、歯列	teeth
diastema	歯間隙	gap between teeth

93

endodontic therapy	歯内療法	root canal treatment
etiology	病因	cause
excision	切除	cutting out
flap operation	歯周外科	gum surgery
gingiva	歯肉	gums
gingival margin	歯肉辺縁	gum line
gingivectomy	歯肉切除術	gum surgery
gingivitis	歯肉炎	inflammation of the gums
halitosis	口臭	bad breath
handpiece	ハンドピース	drill
hemorrhage	出血	bleeding
incisal edge	切端	biting edge
incision	切開	cut
incisor	切歯	front tooth
injection	注射	shot
interdental area	歯間部	between the teeth
labial surface	唇側面	lip side
lingual	舌側	tongue side
mandible	下顎	lower jaw
mastication	咀嚼	chewing
maxilla	上顎	upper jaw
molar	臼歯	back tooth
nonvital	失活の	dead
occlusal surface	咬合面	chewing surface
occlusion	咬合	bite

oral prophylaxis	口腔清掃	cleaning
orthodontic treatment	矯正治療	braces
palate	口蓋	roof of the mouth
pedodontist	小児歯科医	children's dentist
periodontal disease	歯周病	gum disease
permanent teeth	永久歯	adult teeth
pits and fissures	小窩裂溝	grooves
posterior teeth	臼歯	back teeth
provisional restoration	暫間充填	temporary filling
pulp	歯髄	nerve of the tooth
pulpitis	歯髄炎	inflammation of the pulp
radiograph	エックス線写真	X-ray
resin	レジン	plastic
restoration	修復物	filling
root planing	歯根平滑化	deep cleaning
saliva	唾液	spit
scaling	歯石除去	removal of tartar
subgingival	歯肉縁下の	below the gum line
supernumerary tooth	過剰歯	extra tooth
supragingival	歯肉縁上	above the gum line
suture	縫合	stitch
temporomandibular joint （TMJ）	顎関節	jaw joint
third molar	第三大臼歯	wisdom tooth
xerostomia	口腔乾燥	dry mouth

著者略歴

益野一哉 D.D.S, M.M.Sc, Ph.D

大阪歯科大学　歯科医学教育開発室　准教授
歯学英語担当
Harvard School of Dental Medicine 医学修士課程修了
Forsyth Dental Institute 客員研究員
King's College London 客員研究員
The Royal College of Surgeons of England 歯科卒後研修プログラム修了

本田義知 D.D.S, Ph.D

大阪歯科大学　中央歯学研究所　准教授
歯学英語担当
東北大学大学院　歯学研究科　博士課程修了
University of California, Los Angeles, Weintraub Center for Reconstructive Biotechnology, Visiting Scholar

藤田淳一 MA

大阪歯科大学　英語教室　准教授
英語教育（会話・通訳・Writing）担当
同志社大学大学院　文学研究科英文学専攻　前期課程修了

この度は弊社の書籍をご購入いただき、誠にありがとうございました。
本書籍に掲載内容の更新や誤りがあった際は、弊社ホームページ「追加情報」にてお知らせいたします。下記のURLまたはQRコードをご利用ください。

http://www.nagasueshoten.co.jp/extra.html

まずはこれから 歯科英単語99　　　　　　　　　　　ISBN 978-4-8160-1346-1

ⓒ 2018. 5.14　第1版　第1刷　　　著　者　益野一哉　本田義知　藤田淳一
　　　　　　　　　　　　　　　　　発 行 者　永末英樹
　　　　　　　　　　　　　　　　　印　刷　所　創栄図書印刷株式会社
　　　　　　　　　　　　　　　　　製　本　所　新生製本株式会社

　　　　　　　　発行所　株式会社　永末書店

〒602-8446　京都市上京区五辻通大宮西入五辻町69-2
（本社）電話 075-415-7380　FAX 075-415-7290　（東京市）電話 03-3812-7180　FAX 03-3812-7181
永末書店 ホームページ　http://www.nagasueshoten.co.jp

oral prophylaxis	口腔清掃	cleaning
orthodontic treatment	矯正治療	braces
palate	口蓋	roof of the mouth
pedodontist	小児歯科医	children's dentist
periodontal disease	歯周病	gum disease
permanent teeth	永久歯	adult teeth
pits and fissures	小窩裂溝	grooves
posterior teeth	臼歯	back teeth
provisional restoration	暫間充填	temporary filling
pulp	歯髄	nerve of the tooth
pulpitis	歯髄炎	inflammation of the pulp
radiograph	エックス線写真	X-ray
resin	レジン	plastic
restoration	修復物	filling
root planing	歯根平滑化	deep cleaning
saliva	唾液	spit
scaling	歯石除去	removal of tartar
subgingival	歯肉縁下の	below the gum line
supernumerary tooth	過剰歯	extra tooth
supragingival	歯肉縁上	above the gum line
suture	縫合	stitch
temporomandibular joint （TMJ）	顎関節	jaw joint
third molar	第三大臼歯	wisdom tooth
xerostomia	口腔乾燥	dry mouth

著者略歴

益野一哉 D.D.S, M.M.Sc, Ph.D
大阪歯科大学　歯科医学教育開発室　准教授
歯学英語担当
Harvard School of Dental Medicine 医学修士課程修了
Forsyth Dental Institute 客員研究員
King's College London 客員研究員
The Royal College of Surgeons of England 歯科卒後研修プログラム修了

本田義知 D.D.S, Ph.D
大阪歯科大学　中央歯学研究所　准教授
歯学英語担当
東北大学大学院　歯学研究科　博士課程修了
University of California, Los Angeles, Weintraub Center for Reconstructive Biotechnology, Visiting Scholar

藤田淳一 MA
大阪歯科大学　英語教室　准教授
英語教育（会話・通訳・Writing）担当
同志社大学大学院　文学研究科英文学専攻　前期課程修了

この度は弊社の書籍をご購入いただき、誠にありがとうございました。
本書籍に掲載内容の更新や誤りがあった際は、弊社ホームページ「追加情報」にてお知らせいたします。下記のURLまたはQRコードをご利用ください。

http://www.nagasueshoten.co.jp/extra.html

まずはこれから 歯科英単語99　　　　　　　　　　　　　ISBN 978-4-8160-1346-1

ⓒ 2018. 5. 14　第1版　第1刷

著　　者　　益野一哉　本田義知　藤田淳一
発　行　者　　永末英樹
印　刷　所　　創栄図書印刷株式会社
製　本　所　　新生製本株式会社

発行所　株式会社　永末書店
〒602-8446　京都市上京区五辻通大宮西入五辻町69-2
(本社) 電話 075-415-7280　FAX 075-415-7290　(東京店) 電話 03-3812-7180　FAX 03-3812-7181
永末書店 ホームページ　http://www.nagasueshoten.co.jp

＊内容の誤り、内容についてのご質問は、弊社までご連絡ください。
＊刊行後に本書に掲載している情報などの変更箇所および誤植が確認された場合、弊社ホームページにて訂正させていただきます。
＊乱丁・落丁の場合はお取り替えいたしますので、本社・商品センター（0754157280）までお申し出ください。

・本書の複製権・翻訳権・翻案権・上映権・譲渡権・貸与権・公衆送信権（送信可能化権を含む）は、株式会社永末書店が保有します。
・本書を代行業者等の第三者に依頼してスキャンやデジタル化することは、たとえ個人や家庭内の利用でも著作権法違反です。
　いかなる場合でも一切認められませんのでご注意ください。

JCOPY　＜(社)出版者著作権管理機構　委託出版物＞

本書の無断複写は著作権法上での例外を除き禁じられています。複写される場合は、そのつど事前に、(社)出版者著作権管理機構（電話 03-3513-6969、FAX 03-3513-6979、e-mail: info@jcopy.or.jp）の許諾を得てください。